AF194013

Impressum
Verlag: BABADADA GmbH, Nedderfeld 112 , 22529 Hamburg
Geschäftsführer / Verlagsleitung: Harald Hof
Druck: Books on Demand GmbH, In de Tarpen 42, 22848 Norderstedt

Imprint
Publisher: BABADADA GmbH, Nedderfeld 112 , 22529 Hamburg, Germany
Managing Director / Publishing direction: Harald Hof
Print: Books on Demand GmbH, In de Tarpen 42, 22848 Norderstedt

scol

koulu

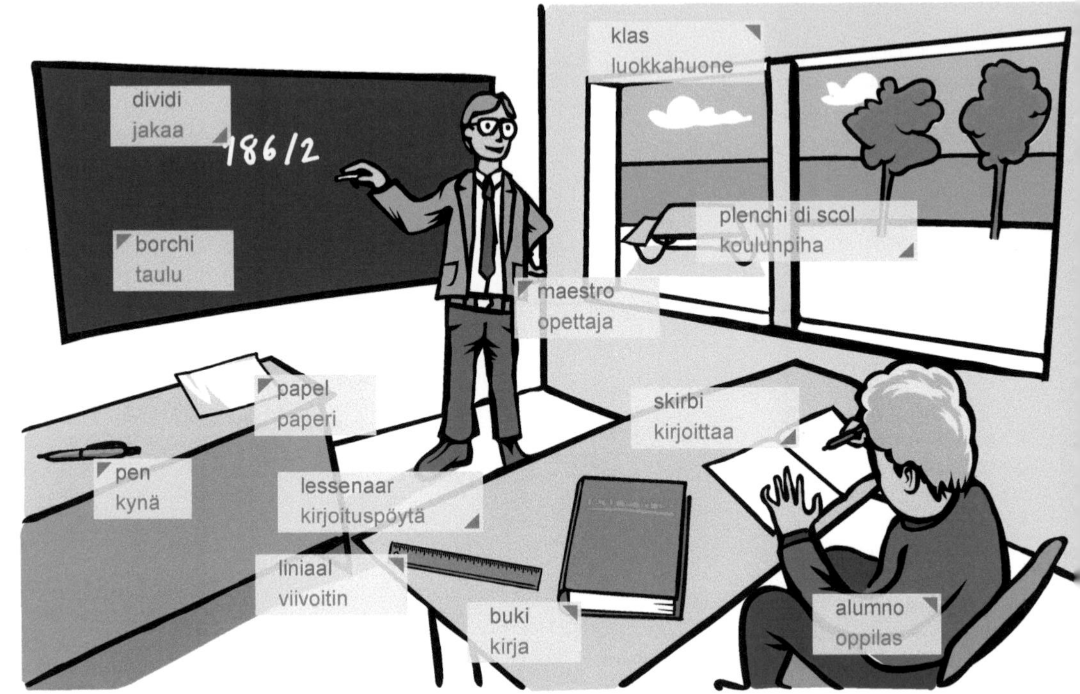
klas
luokkahuone
dividi
jakaa
186/2
borchi
taulu
plenchi di scol
koulunpiha
maestro
opettaja
papel
paperi
skirbi
kirjoittaa
pen
kynä
lessenaar
kirjoituspöytä
liniaal
viivoitin
buki
kirja
alumno
oppilas

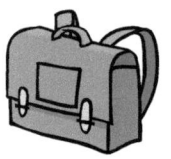

tas di scol

reppu

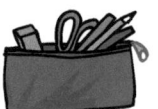

etui

penaali

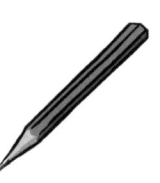

potlood

lyijykynä

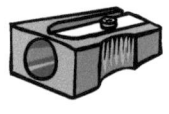

slijper

kynänteroitin

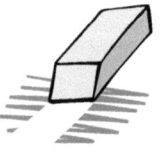

gum

pyyhekumi

buki di pinta

piirustuslehtiö

pintura

piirustus

cuashi

pensseli

caha di verf

vesivärit

sker

sakset

lijm

liima

schrift

harjoituskirja

huiswerk

kotitehtävä

number

luku

suma

lisätä

kita

vähentää

multiplica

kertoa

conta

laskea

letter

kirjain

alfabet

aakkoset

palabra

sana

texto
teksti

lesa
lukea

krijt
liitu

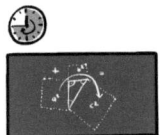

les
oppitunti

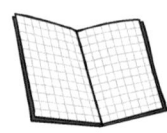

klassenboek
opettajan muistikirja

examen
koe

diploma
todistus

uniform di scol
koulupuku

estudio
koulutus

enciclopedia
sanakirja

universidad
yliopisto

microscop
mikroskooppi

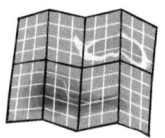

mapa
kartta

bari di sushi
roskakori

biahamento
matka

hotel
hotelli
Grand
posada
retkeilymaja
ROOMS
oficina di cambio
rahanvaihto
EXCHANGE
maleta
matkalaukku
auto
auto

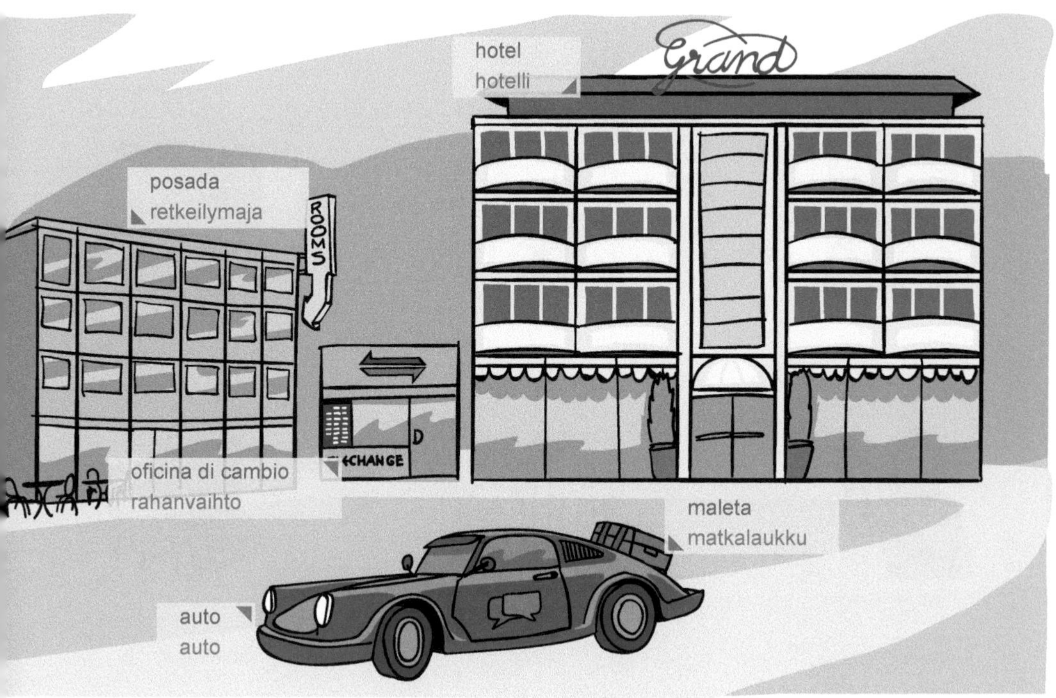

idioma
kieli

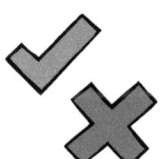

si / no
kyllä / ei

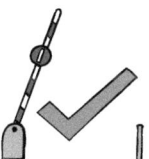

bon
selvä

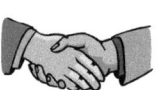

hallo
hei

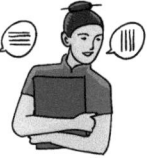

tolk
tulkki

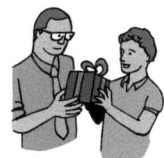

masha danki
kiitos

Cuanto esaki ta costa?

Paljonko...maksaa?

Mi no ta compronde

en ymmärrä

problema

ongelma

bon nochi

Hyvää iltaa!

Bon dia!

Hyvää huomenta!

Bon nochi!

Hyvää yötä!

ayo

näkemiin

direccion

suunta

maleta

matkatavarat

handbag

laukku

rugtas

reppu

huesped

vieras

camber

huone

slaapzak

makuupussi

tent

teltta

informacion pa turista
....
turisti-info

lama
....
ranta

credit card
....
luottokortti

desayuno
....
aamupala

cuminda di merdia
....
lounas

cuminda di anochi
....
päivällinen

carchi
....
matkalippu

cabe'i boto
....
hissi

stampia
....
postimerkki

grens
....
raja

duana
....
tulli

embahada
....
suurlähetystö

visa
....
viisumi

paspoort
....
passi

transport
kuljetus

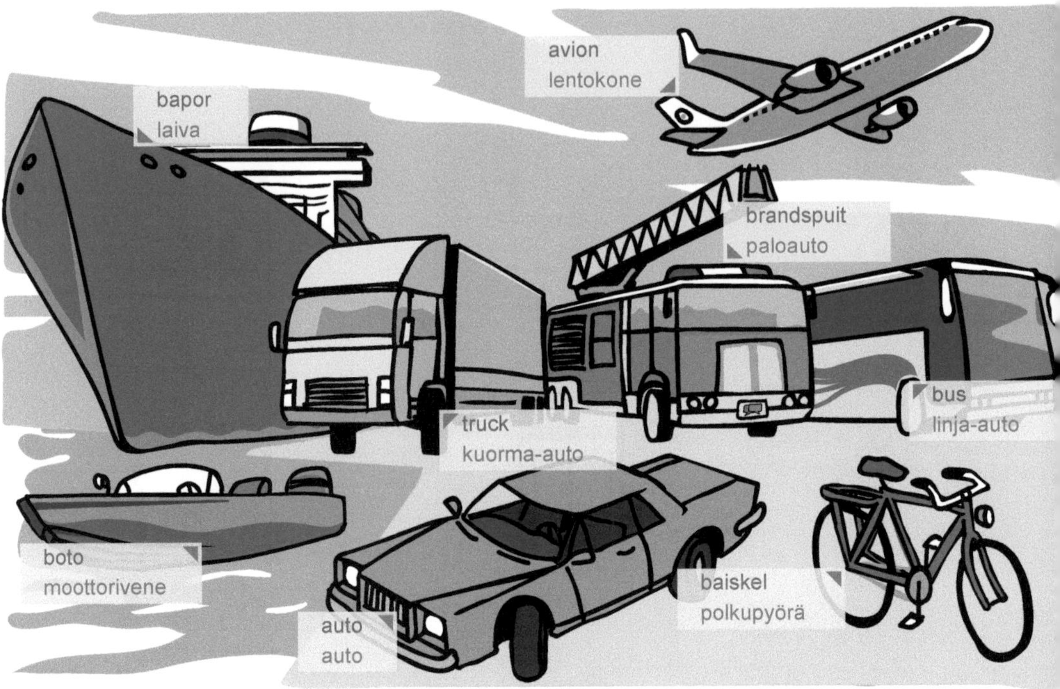

avion
lentokone
bapor
laiva
brandspuit
paloauto
bus
linja-auto
truck
kuorma-auto
boto
moottorivene
baiskel
polkupyörä
auto
auto

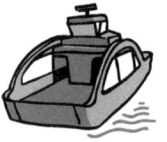

ferry

lautta

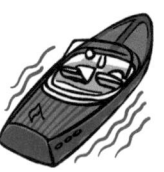

boto

vene

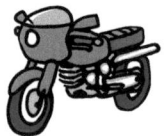

brommer

moottoripyörä

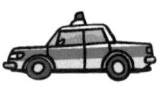

auto di polis

poliisiauto

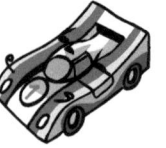

auto di careda

kilpa-auto

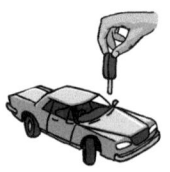

auto di huur

vuokra-auto

car sharing
car sharing

takelwagen
hinausauto

dump truck
roska-auto

motor
moottori

gasolin
polttoaine

pomp di gasolin
huoltoasema

borchi di trafico
liikennemerkki

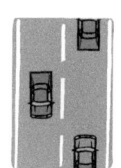

trafico
liikenne

fila
ruuhka

parkeerplaats
parkkipaikka

stacion di trein
rautatieasema

riel
raiteet

trein
juna

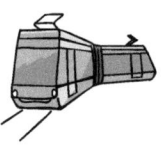

tram
raitiovaunu

wagon
vaunu

helicopter

helikopteri

aeropuerto

lentokenttä

toren

lähilennonjohto

pasahero

matkustaja

container

kontti

caha di carton

pahvilaatikko

garoshi

kärryt

macutu

kori

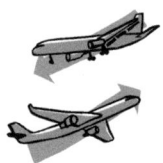

lanta / baha

nousta / laskea

ciudad
kaupunki

pueblo

kylä

centro di ciudad

keskusta

cas

talo

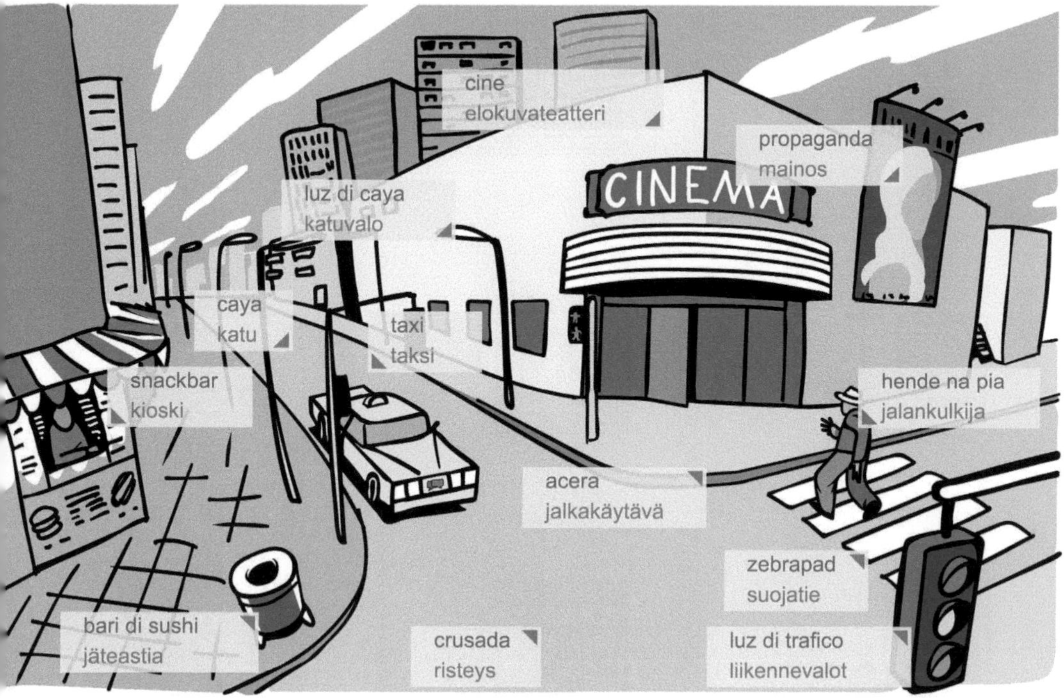

cine
elokuvateatteri

propaganda
mainos

luz di caya
katuvalo

caya
katu

taxi
taksi

snackbar
kioski

hende na pia
jalankulkija

CINEMA

acera
jalkakäytävä

zebrapad
suojatie

bari di sushi
jäteastia

crusada
risteys

luz di trafico
liikennevalot

hut

mökki

flat

kerrostalo

stacion di trein

rautatieasema

stadhuis

kaupungintalo

museo

museo

scol

koulu

universidad

yliopisto

banco

pankki

hospital

sairaala

hotel

hotelli

botica

apteekki

oficina

toimisto

boekhandel

kirjakauppa

tienda

liike

floresteria

kukkakauppa

supermarket

supermarketti

mercado

tori

department store

tavaratalo

bendedo di pisca

kalakauppias

shopping center

ostoskeskus

haf

satama

park
puisto

banki
penkki

brug
silta

trapi
portaat

metro
metro

tunnel
tunneli

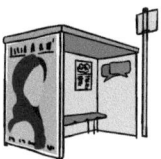

parada di bus
linja-autopysäkki

bar
baari

restaurant
ravintola

postbox
postilaatikko

borchi di nomber di caya
katukyltti

parkeermeter
parkkimittari

parke di bestia
eläintarha

piscina
uimala

moskee
moskeija

cunucu

maatila

polucion

ympäristön saastuminen

santana

hautausmaa

misa

kirkko

speelplaats

leikkikenttä

tempel

temppeli

paisahe
maisema

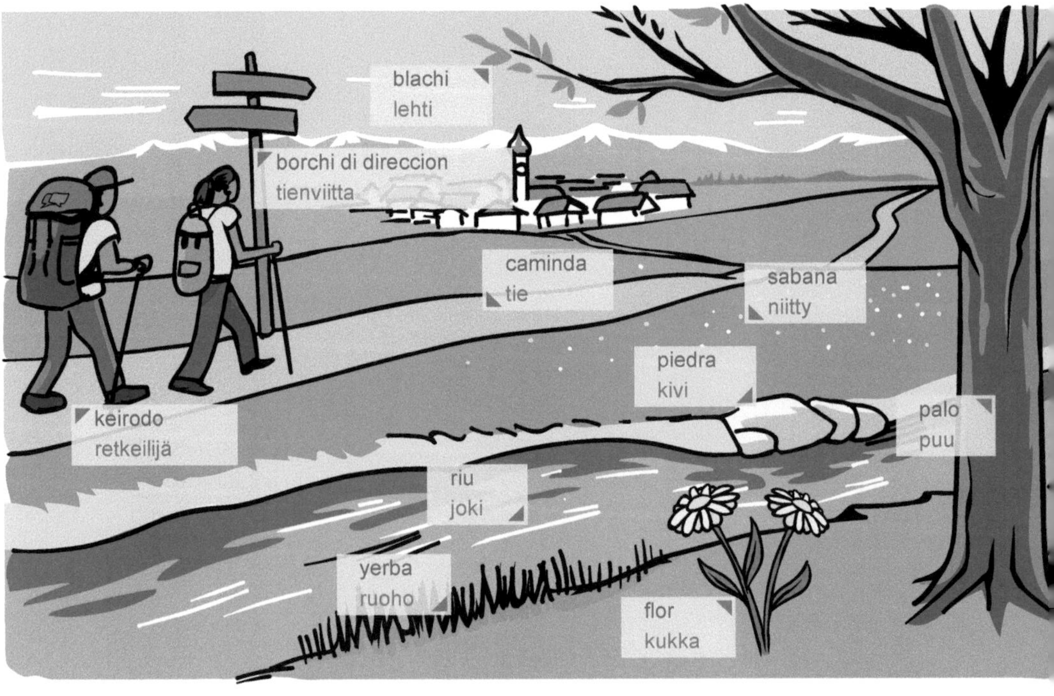

blachi
lehti

borchi di direccion
tienviitta

caminda
tie

sabana
niitty

piedra
kivi

palo
puu

keirodo
retkeilijä

riu
joki

yerba
ruoho

flor
kukka

vallei

laakso

sero

vuori

lago

järvi

mondi

metsä

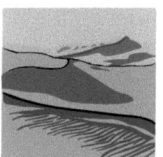

desierto

aavikko

volcan

tulivuori

kasteel

linna

arco iris

sateenkaari

paddenstoel

sieni

palma

palmu

sangura

hyttynen

musca

kärpänen

vruminga

muurahainen

bij

mehiläinen

haraña

hämähäkki

tor

kovakuoriainen

dori

sammakko

eekhoorn

orava

porcospina

siili

coneu

jänis

shoco

pöllö

parha

lintu

zwaan

joutsen

porco di mondi

villisika

bina

peura

eland

hirvi

dam

pato

molina di biento

tuulimylly

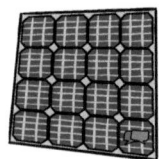

panel solar

aurinkopaneeli

clima

ilmasto

restaurant
ravintola

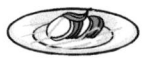

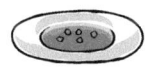

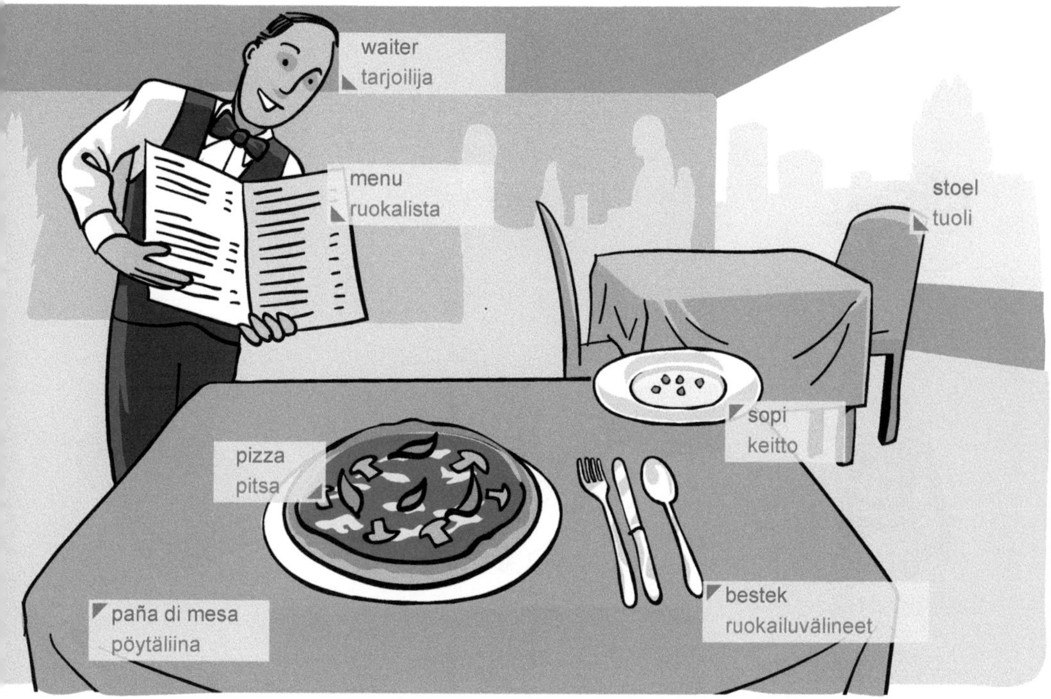

waiter
tarjoilija
menu
ruokalista
stoel
tuoli
sopi
keitto
pizza
pitsa
paña di mesa
pöytäliina
bestek
ruokailuvälineet

aperitivo

alkuruoka

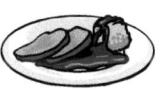

cuminda principal

pääruoka

dessert

jälkiruoka

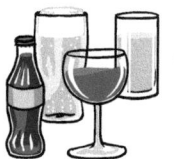

bebida

juomat

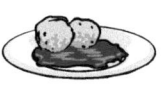

cuminda

ruoka

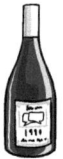

boter

pullo

fastfood

pikaruoka

streetfood

katuruoka

canica di te

teekannu

pochi di sucu

sokeriastia

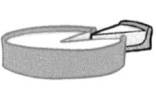

porcion

annos

espressomachine

espressokeitin

stoel di mucha

syöttötuoli

cuenta

lasku

hasechi

tarjotin

cuchiu

veitsi

forki

haarukka

cuchara

lusikka

telep

teelusikka

napkin

servietti

glas

lasi

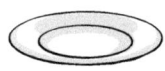

tayo

lautanen

tayo di sopi

syvä lautanen

scoter

aluslautanen

saus

kastike

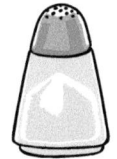

pochi di salo

suolasirotin

mulina di peper

pippurimylly

binager

etikka

azeta

öljy

specerij

mausteet

ketchup

ketsuppi

mosterd

sinappi

mayonaise

majoneesi

supermarket

supermarketti

oferta special
tarjous
FOR
cliente
asiakas
producto lacteo
maitotuotteet
fruta
hedelmät
garoshi di compra
ostoskärryt

BUTCHERS

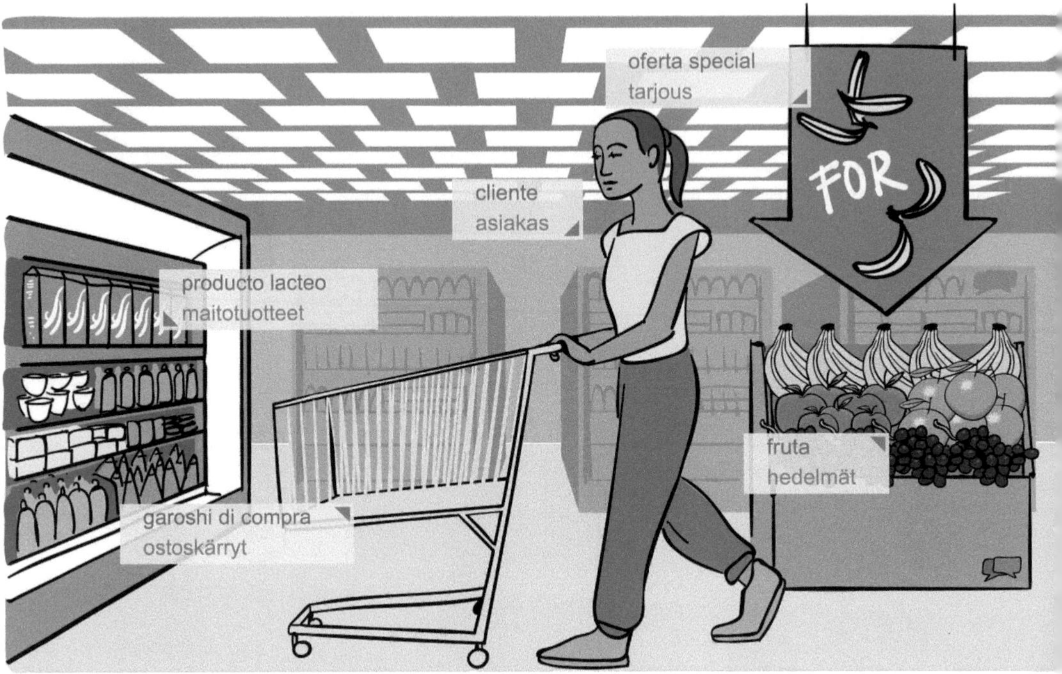

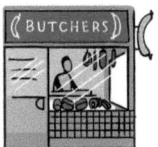

carniceria

teurastamo

BAKERY

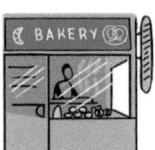

panaderia

leipomo

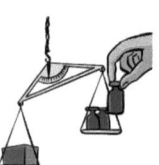

pisa

punnita

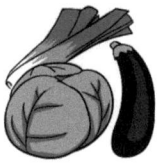

berdura

kasvikset

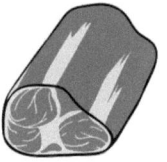

carni

liha

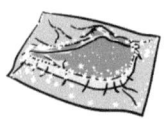

frozen food

pakasteet

beleg di carni

leikkele

cuminda di bleki

säilykkeet

detergente na puiro

pesujauhe

mangel

makeiset

producto pa cas

kotitaloustarvikkeet

articulo di limpiesa

puhdistusaineet

bendedo

myyjä

cahero

kassa

cahero

kassanhoitaja

lista di compra

ostoslista

orario

aukioloajat

cartera

lompakko

credit card

luottokortti

tas

kassi

saco di plastic

muovipussi

awa

vesi

juice

mehu

lechi

maito

cola

kokis

biña

viini

cerbes

olut

alcohol

alkoholi

chocomel

kaakao

te

tee

koffie

kahvi

espresso

espresso

cappuccino

cappuccino

bacoba

banaani

appel

omena

apelsina

appelsiini

milon

meloni

lamunchi

sitruuna

wortel

porkkana

conoflok

valkosipuli

bambu

bambu

siboyo

sipuli

mushroom

sieni

noot

pähkinät

pasta

spagetti

spaghetti

spagetti

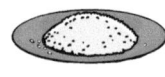

aros

riisi

salada

salaatti

batata hasa

ranskalaiset

batata hasa

paistetut perunat

pizza

pitsa

hamburger

hampurilainen

sandwich

voileipä

cutlet

leike

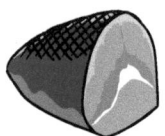

ham

kinkku

salami

salami

soseishi

makkara

galiña

kana

hasa

paisti

pisca

kala

papa

kaurahiutaleet

müsli

mysli

cornflakes

murot

hariña

jauho

croissant

voisarvi

pan rondo

sämpylä

pan

leipä

toast

paahtoleipä

cuki

keksit

manteca

voi

kwark

rahka

bolo

kakku

webo

kananmuna

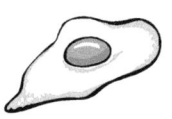

webo hasa

paistettu kananmuna

keshi

juusto

ijscream
jäätelö

sucu
sokeri

honing
hunaja

jam
hillo

pasta di chuculati
suklaapähkinälevite

curry
curry

cunucu
maatila

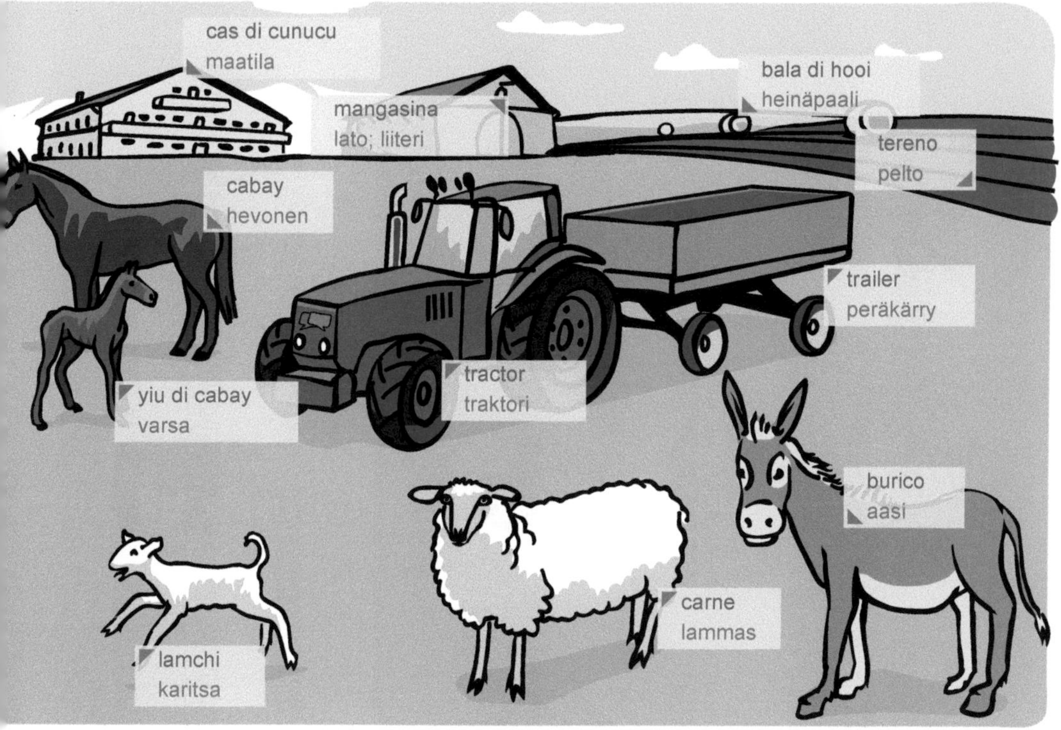
cas di cunucu
maatila
mangasina
lato; liiteri
bala di hooi
heinäpaali
tereno
pelto
cabay
hevonen
trailer
peräkärry
tractor
traktori
yiu di cabay
varsa
burico
aasi
carne
lammas
lamchi
karitsa

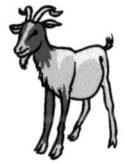

cabrito

vuohi

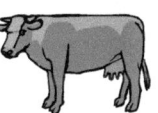

baca

lehmä

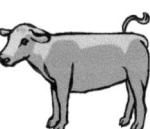

bishe

vasikka

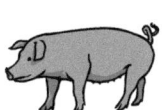

porco

sika

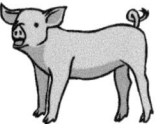

yiu di porco

porsas

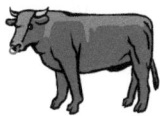

toro

sonni

gans
hanhi

pato
ankka

puyito
tipu

galiña
kana

gay
kukko

djaca
rotta

pushi
kissa

raton
hiiri

toro
härkä

cacho
koira

cas di cacho
koirankoppi

slang pa muha mata
puutarhaletku

gieter
kastelukannu

herment pa corta yerbe
viikate

ploeg
aura

garabati

sirppi

chapi

kuokka

forki pa coy hooi

talikko

hacha

kirves

garetia

kottikärryt

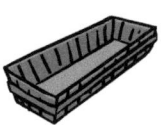

pesebre

kaukalo

canica di lechi

maitokannu

saco

säkki

heki

aita

stal

talli

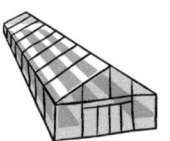

greenhouse

kasvihuone

suela

maa

simia

siemen

mest

lannoite

mashin di cosecha

leikkuupuimuri

cosecha

kerätä sato

cosecha

sato

yams

jamssit

trigo

vehnä

soya

soija

batata

peruna

maishi

maissi

canola

rypsi

palo di fruta

hedelmäpuu

yuca

maniokki

grano

vilja

cas
talo

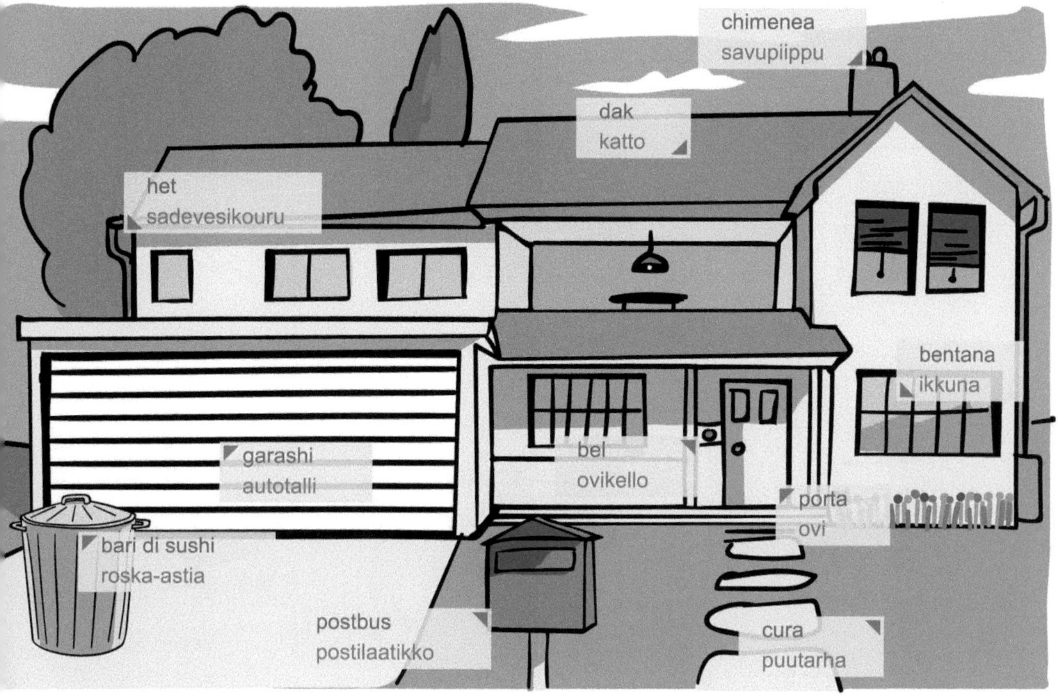

chimenea
savupiippu
dak
katto
het
sadevesikouru
bentana
ikkuna
garashi
autotalli
bel
ovikello
porta
ovi
bari di sushi
roska-astia
postbus
postilaatikko
cura
puutarha

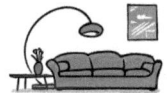

sala
olohuone

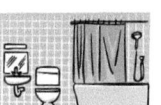

baño
kylpyhuone

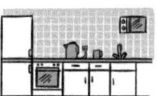

cushina
keittiö

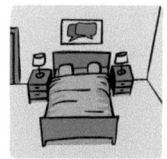

camber
makuuhuone

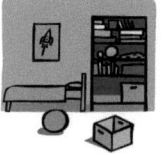

camber di mucha
lastenhuone

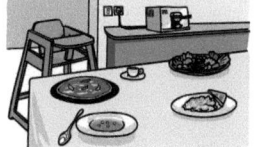

comedo
ruokahuone

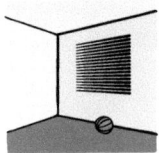

suela
lattia

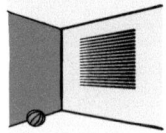

muraya
seinä

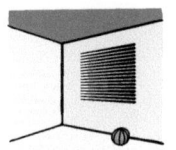

blafon
katto

bodega
kellari

sauna
sauna

balcon
parveke

terasa
terassi

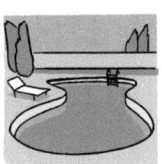

piscina
uima-allas

mashin di corta yerba
ruohonleikkuri

laken
lakana

bedsprei
päiväpeitto

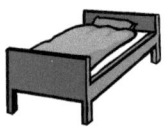

cama
sänky

basora
harja

hemchi
ämpäri

switch
katkaisin

sala
olohuone

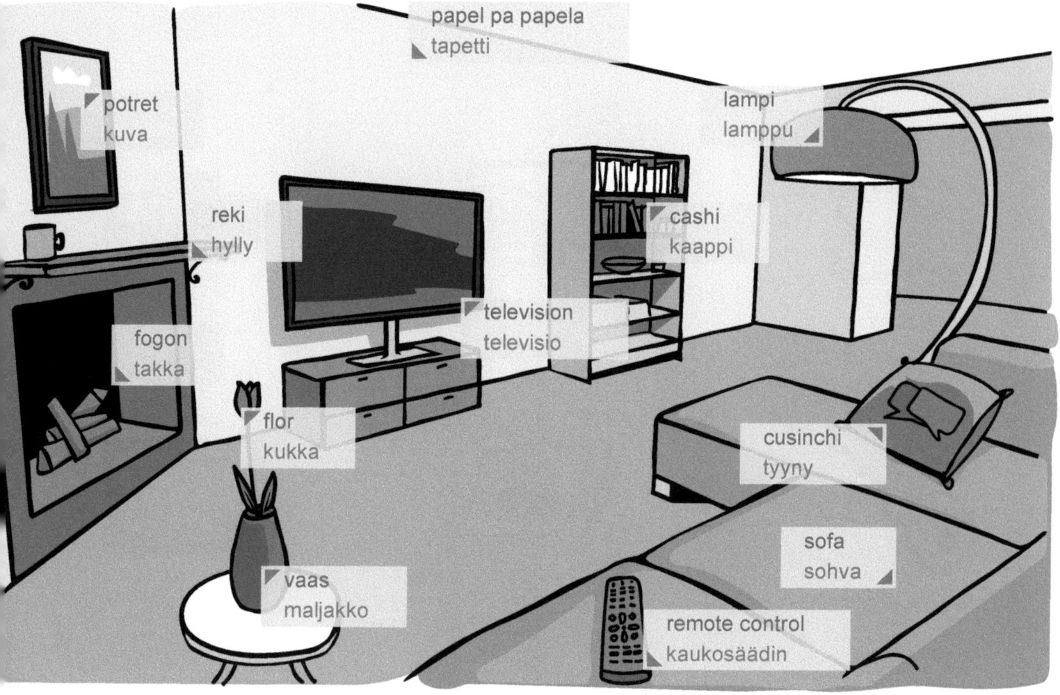
papel pa papela
tapetti
potret
kuva
lampi
lamppu
reki
hylly
cashi
kaappi
television
televisio
fogon
takka
flor
kukka
cusinchi
tyyny
sofa
sohva
vaas
maljakko
remote control
kaukosäädin

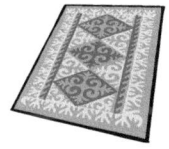

tapijt
....
matto

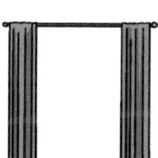

cortina
....
verho

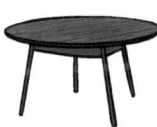

mesa
....
pöytä

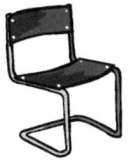

stoel
....
tuoli

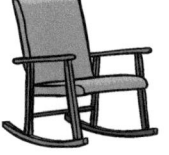

stoel di zoya
....
keinutuoli

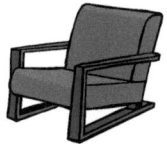

stoel
....
nojatuoli

buki

kirja

dekel

peitto

decoracion

koriste

palo pa kima

polttopuut

film

elokuva

stereoset

stereot

yabi

avain

corant

sanomalehti

cuadra

maalaus

poster

juliste

radio

radio

blocnote

muistivihko

stofzuiger

pölynimuri

cadushi

kaktus

bela

kynttilä

cushina
keittiö

frishider
jääkaappi
microwave
mikroaaltouuni
balansa di cushina
keittiövaaka
toaster
leivänpaahdin
detergente
pesuaine
forno
leivinuuni
freezer
pakastinlokero
bari di sushi
roska-astia
dishwasher
astianpesukone

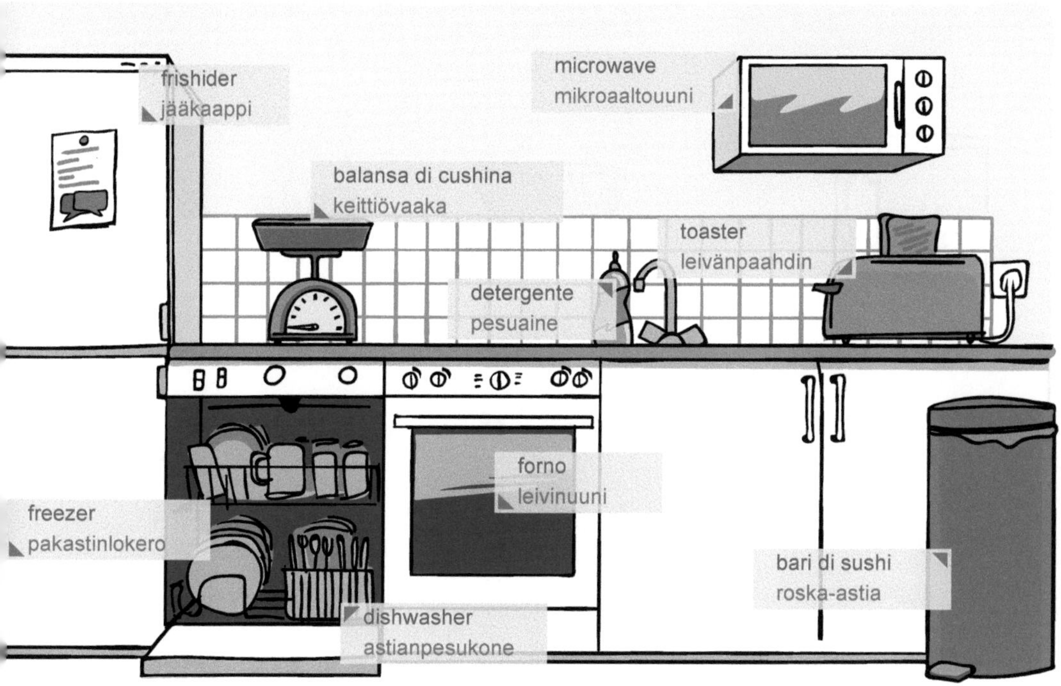

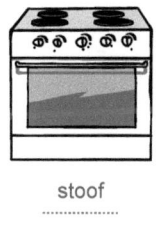

stoof

liesi

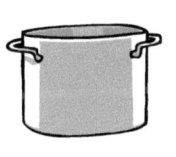

wea

kattila

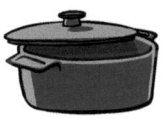

wea di hero

rautapata

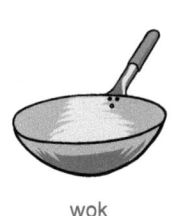

wok

okkipannu / kadai-pannu

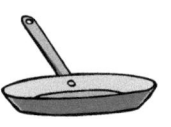

planchi

paistinpannu

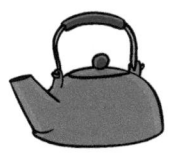

ketel

teepannu

steamer

höyrykeitin

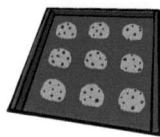

teblachi pa horna

uunipelti

servies

astiat

beker

muki

conchi

kulho

chopstick

syömäpuikot

cuchara di sopi

kauha

spatula

paistinlasta

garde

vispilä

scurido

siivilä

colado

siivilä

raspa

raastin

fenso

mortteli

barbecue

grilli

candela

avotuli

planki pa corta

leikkuulauta

rostok

kaulin

kurkentrek

korkinavaaja

bleki

purkki

cos di habri bleki

purkinavaaja

pannenlap

pannulappu

wasbak

lavuaari

skeiro

tiskiharja

spons

pesusieni

blender

tehosekoitin

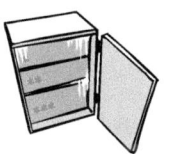

freezer

pakastin

tetero

tuttipullo

cranchi

vesihana

baño

kylpyhuone

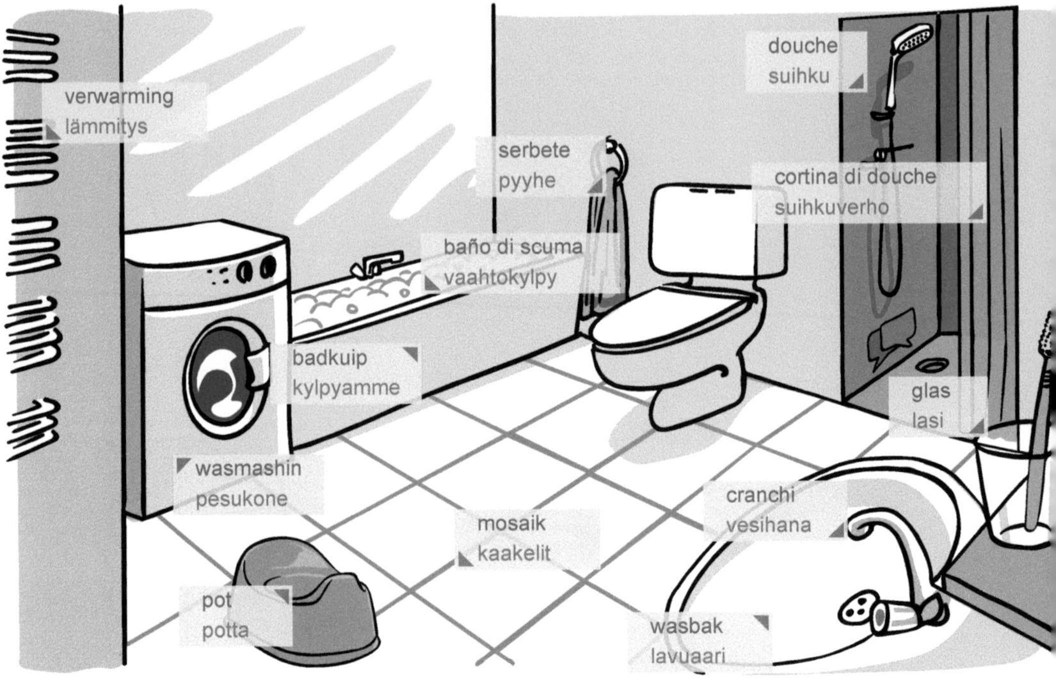

verwarming
lämmitys
douche
suihku
serbete
pyyhe
cortina di douche
suihkuverho
baño di scuma
vaahtokylpy
badkuip
kylpyamme
glas
lasi
wasmashin
pesukone
cranchi
vesihana
mosaik
kaakelit
pot
potta
wasbak
lavuaari

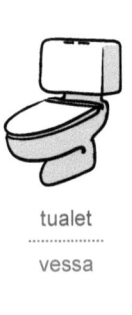

tualet

vessa

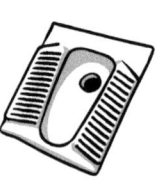

hurktoilet

kyykkyvessa

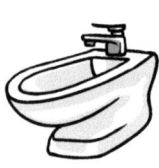

bidet

bidee

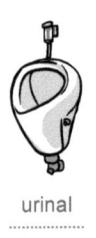

urinal

pisuaari

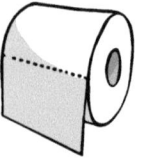

papel di w.c.

vessapaperi

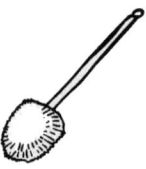

skeiro di w.c.

vessaharja

skeiro di djente

hammasharja

pasta di djente

hammastahna

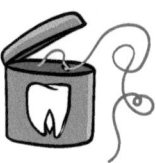

dental floss

hammaslanka

laba

pestä

douche di man

käsisuihku

bidet

intiimisuihku

tobo

pesuvati

skeiro

selkäharja

habon

saippua

shower gel

suihkugeeli

shampoo

shampoo

washandje

pesulappu

drain

viemäri

crema

voide

desodorante

deodorantti

spiel

peili

spiel di man

käsipeili

blet

partaveitsi

shaving foam

partavaahto

aftershave

partavesi

peña

kampa

skeiro

harja

blower

hiustenkuivaaja

spray pa cabey

hiuslakka

makeup

meikki

lipstick

huulipuna

cos di pinta huña

kynsilakka

catuna

pumpuli

sker pa corta huña

kynsisakset

perfume

hajuvesi

tas

kosmetiikkalaukku

kruk

jakkara

balansa

vaaka

bata

kylpytakki

handschoen

kumihansikkaat

tampon

tamponi

kotex

terveysside

wc kimico

kemiallinen wc

camber di mucha
lastenhuone

wekker
herätyskello
peluche
pehmolelu
auto di hunga
leikkiauto
maraca
helistin
cas di popchi
nukkekoti
regalo
lahja

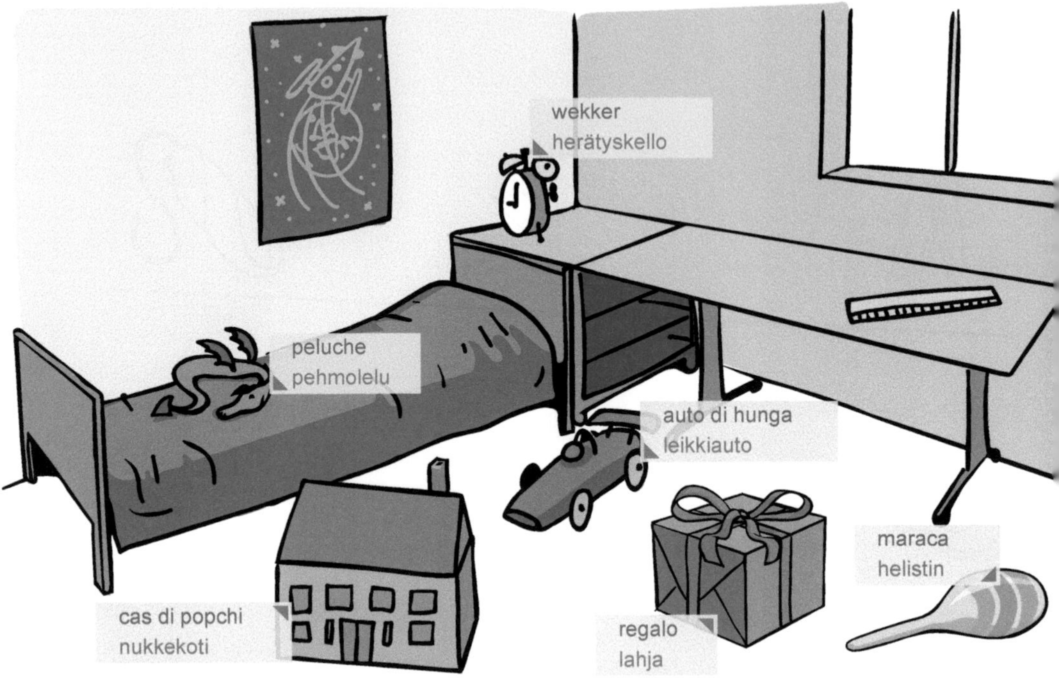

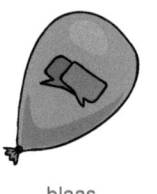

blaas

ilmapallo

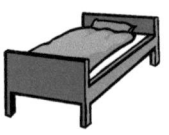

cama

sänky

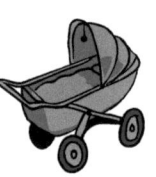

stroller

lastenvaunut

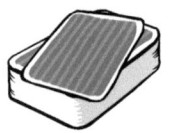

baraha di carta

korttipeli

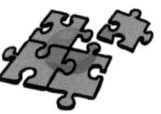

puzzel

palapeli

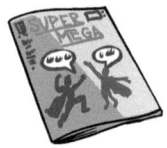

comic

sarjakuva

lego

legopalikat

bloki di hunga

rakennuspalikat

figura di accion

supersankari

romper

potkupuku

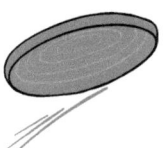

frisbee

frisbee

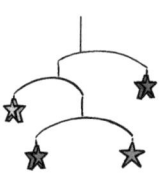

mobil

mobile

wega di mesa

lautapeli

dou

noppa

set di trein

pienoisjunarata

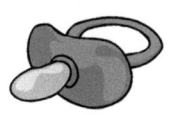

chupon

tutti

fiesta

juhlat

buki di prenchi

kuvakirja

bala

pallo

popchi

nukke

hunga

leikkiä

zandbak

hiekkalaatikko

zoya

keinu

cos di hunga

lelut

videogame

pelikonsoli

tricycle

kolmipyörä

beer

nalle

cashi di paña

vaatekaappi

paña

vaatteet

mea

sukat

mea

nylonsukat

pantyhose

sukkahousut

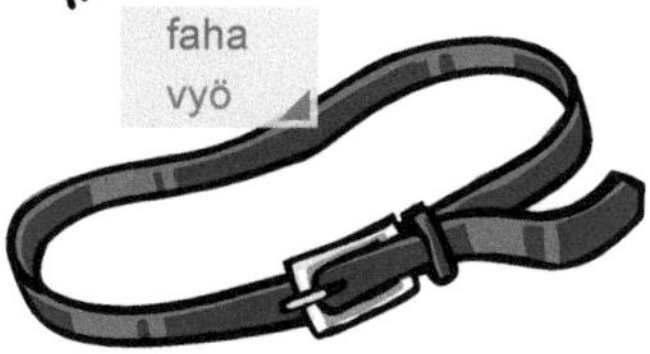

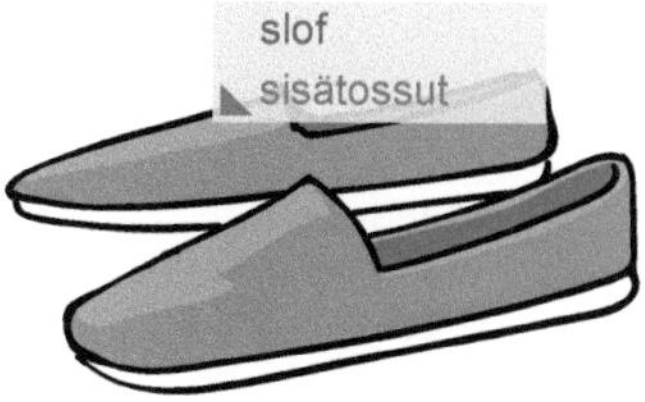

sjaal
kaulaliina

paraplu
sateenvarjo

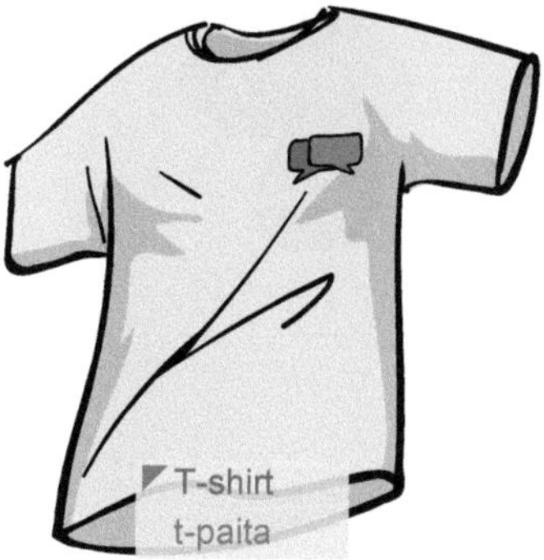

faha
vyö

T-shirt
t-paita

boots
saappaat

slof
sisätossut

keds
lenkkarit

sandalia
....
sandaalit

sapato
....
kengät

laars di rubber
....
kumisaappaat

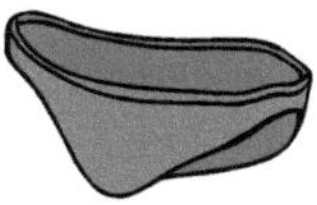

carsonsio
....
alushousut

bh
....
rintaliivit

flanel
....
aluspaita

body

body

carson

housut

jeans

farkut

saya

hame

blusa

pusero

camisa

paita

sweater

villapaita

sweater

collegepaita

blazer

jakku

jacket

takki

jas

takki

regenjas

sadetakki

flus

puku

shimis

mekko

shimis di bruid

hääpuku

paña - vaatteet

flus
puku

yapon
yöpaita

pidjama
pyjama

sari
shari

lenso di cabes
päähuivi

turban
turbaani

burqa
burka

kaftan
kaftaani

abaya
abaya

zwempak
uimapuku

zwembroek
uimahousut

carson cortico
shortsit

trainingspak
verkkarit

lantera
esiliina

handschoen
käsineet

boton
....
nappi

bril
....
silmälasit

armband
....
rannekoru

cadena
....
kaulakoru

renchi
....
sormus

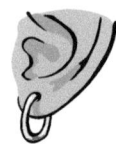

renchi di horea
....
korvakoru

pechi
....
lippalakki

kapstok
....
ripustin

sombre
....
hattu

dashi
....
solmio

ziper
....
vetoketju

helm
....
kypärä

guiel
....
henkselit

uniform di scol
....
koulupuku

uniform
....
univormu

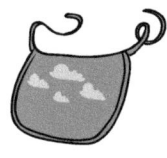

babado

ruokalappu

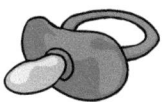

chupon

tutti

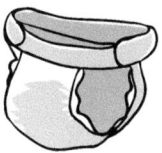

bruki

vaippa

oficina
toimisto

server
palvelin
filekast
asiakirjakaappi
printer
tulostin
papel
paperi
pantaya
näyttö
lessenaar
kirjoituspöytä
mouse
hiiri
map
kansio
keyboard
näppäimistö
bari di sushi
roskakori
computer
tietokone
stoel
tuoli

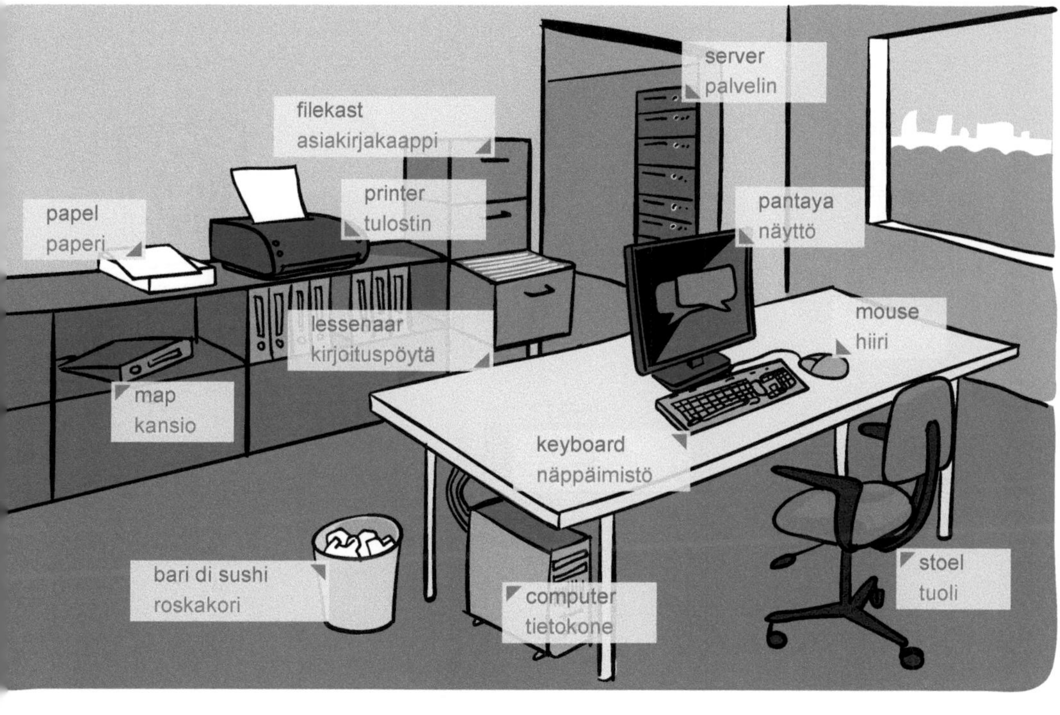

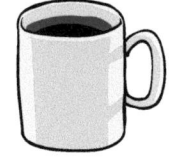

copi pa bebe koffie

kahvimuki

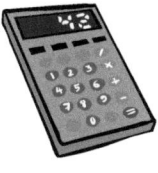

calculator

taskulaskin

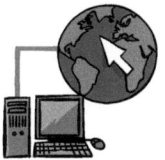

internet

internet

laptop

kannettava tietokone

carta

kirje

mensahe

viesti

celular

kännykkä

red

verkko

mashin di copia

kopiokone

software

ohjelmisto

telefon

puhelin

stopcontact

pistorasia

fax mashin

faksi

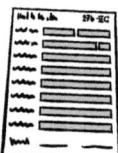

formulario

lomake

documento

asiakirja

cumpra

ostaa

paga

maksaa

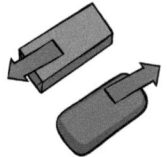

negosha

vaihtaa

placa

raha

dollar

dollari

euro

euro

yen

jeni

roebel

rupla

frank suiso

frangi

yuan renminbi

renminbi juan

roepi

rupia

bancomatico

pankkiautomaatti

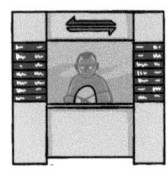

oficina di cambio

rahanvaihto

oro

kulta

plata

hopea

azeta

öljy

energia

energia

prijs

hinta

contract

sopimus

impuesto

vero

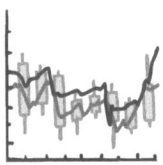

share

osake

traha

työskennellä

empleado

työntekijä

dunado di trabou

työnantaja

fabrica

tehdas

tienda

liike

ofishi / profesion
ammatit

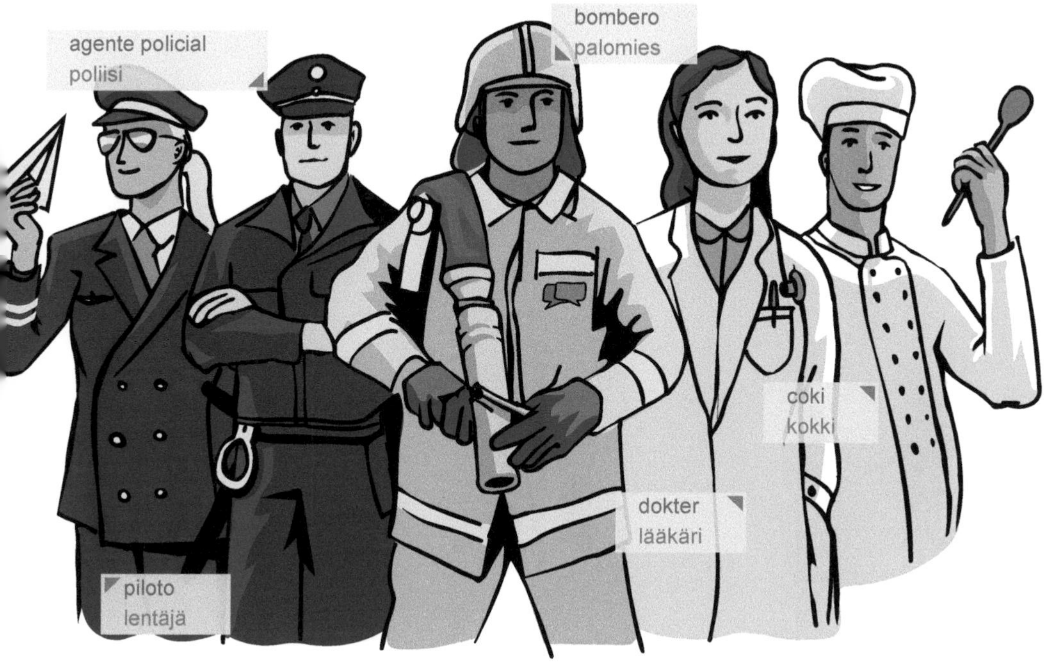
agente policial
poliisi
bombero
palomies
coki
kokki
dokter
lääkäri
piloto
lentäjä

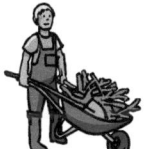

hardinero

puutarhuri

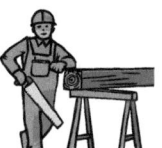

carpinte

puuseppä

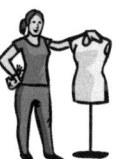

cosedo

ompelija

hues

tuomari

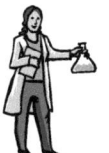

kimico

kemisti

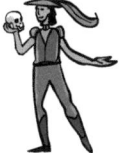

actor

näyttelijä

chauffeur di bus

linja-autonkuljettaja

chauffeur di taxi

taksinkuljettaja

piscado

kalastaja

hende cu ta haci cas limpi

siivooja

drechado di dak

katontekijä

waiter

tarjoilija

jaagdo

metsästäjä

verfdo

maalari

panadero

leipuri

electricista

sähköasentaja

trahado den construccion

rakentaja

ingeniero

insinööri

carnicero

teurastaja

loodgieter

putkiasentaja

partido di carta

postinjakaja

solda
sotilas

arkitecto
arkkitehti

cahero
kassanhoitaja

florista
floristi

pelukero / pelukera
kampaaja

controlado di ticket
konduktööri

mecanico
mekaanikko

capitan
kapteeni

dentista
hammaslääkäri

cientifico
tiedemies

rabbi
rabbi

imam
imaami

monk
munkki

pastor
pappi

herment

työkalut

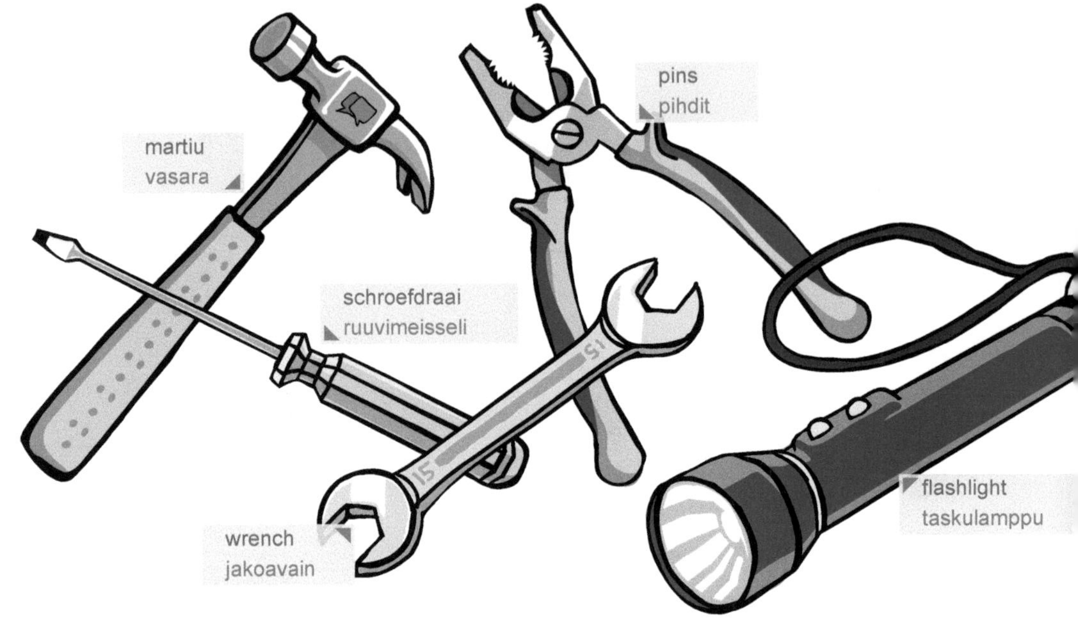
martiu
vasara
pins
pihdit
schroefdraai
ruuvimeisseli
wrench
jakoavain
flashlight
taskulamppu

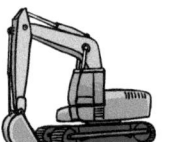

bulldozer

kaivinkone

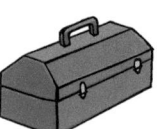

caha di herment

työkalupakki

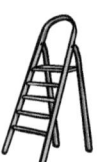

trapi

tikkaat

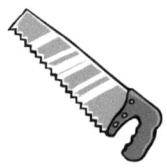

zaag

saha

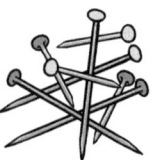

clabo

naulat

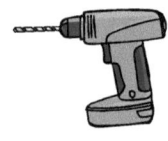

boormashin

pora

drecha
....
korjata

shobel
....
lapio

caraho!
....
Hitto!

scop
....
rikkalapio

bleki di verf
....
maalipurkki

schroef
....
ruuvit

instrumento musical
soittimet

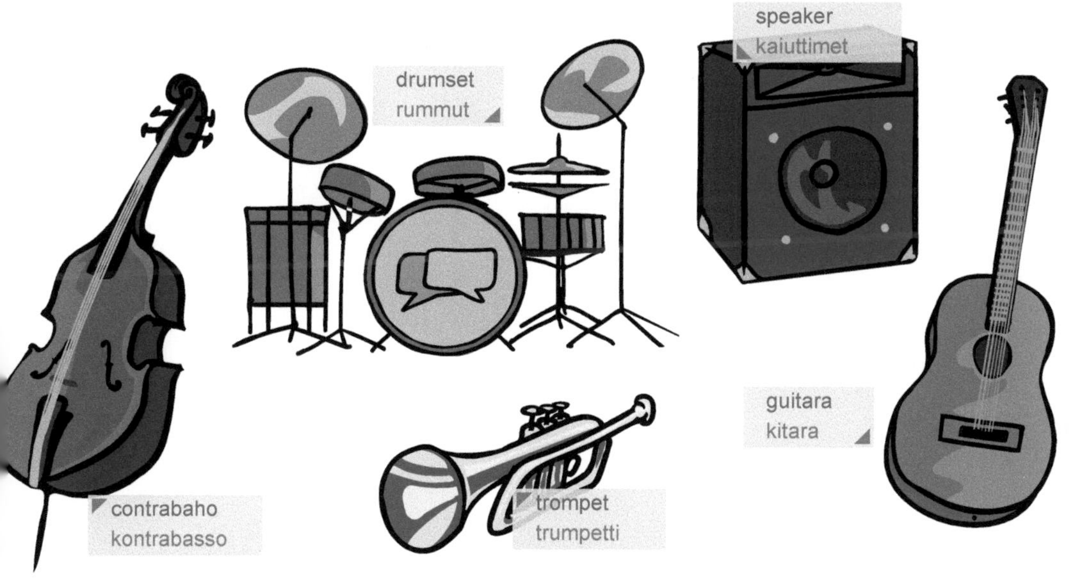

speaker
kaiuttimet

drumset
rummut

guitara
kitara

contrabaho
kontrabasso

trompet
trumpetti

piano
piano

fio
viulu

baho
basso

timbal
patarummut

tambu
rumpu

keyboard
kosketinsoitin

saxofon
saksofoni

fluit
huilu

microfon
mikrofoni

parke di bestia
eläintarha

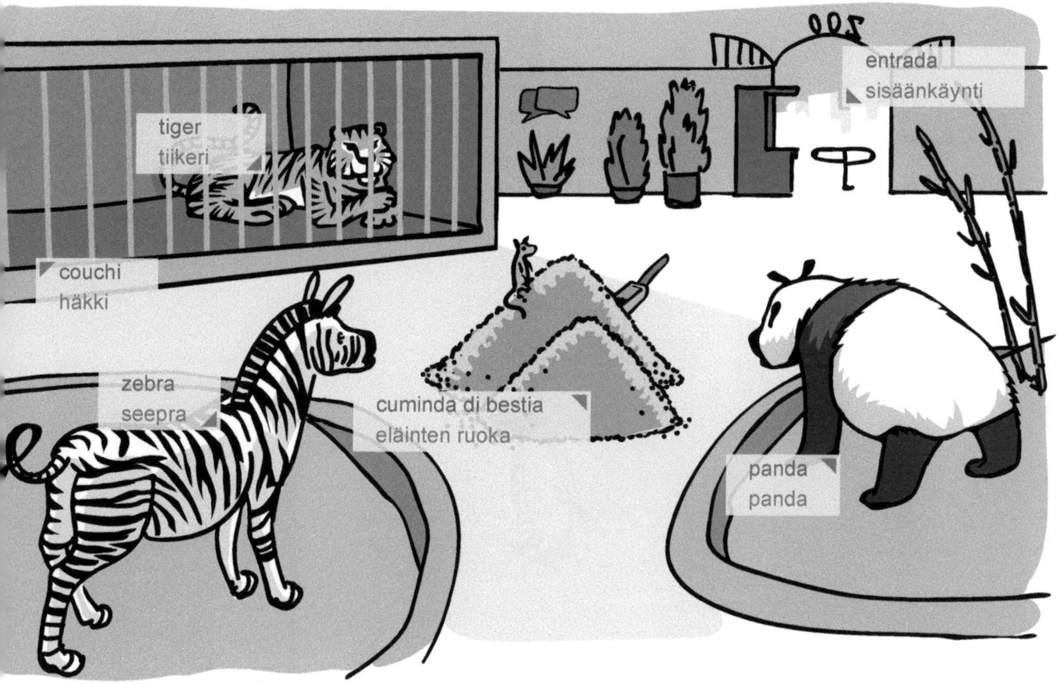
entrada
sisäänkäynti
tiger
tiikeri
couchi
häkki
zebra
seepra
cuminda di bestia
eläinten ruoka
panda
panda

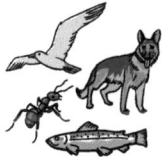

animal
eläimet

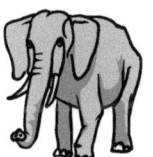

olifante
norsu

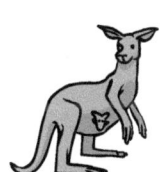

cangaru
kenguru

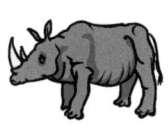

neushoorn
sarvikuono

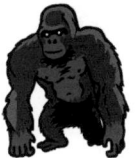

gorila
gorilla

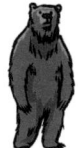

beer
karhu

camel

kameli

avestruz

strutsi

leon

leijona

macaco

apina

flamingo

flamingo

lora

papukaija

beer polar

jääkarhu

pinguin

pingviini

tribon

hai

pauwies

riikinkukko

colebra

käärme

caiman

krokotiili

cuidado di bestia

eläintarhanhoitaja

cacho di awa

hylje

jaguar

jaguaari

pony
poni

leopardo
leopardi

hipopotamo
virtahepo

giraf
kirahvi

aguila
kotka

porco di mondi
villisika

pisca
kala

turtuga
kilpikonna

walrus
mursu

vos
kettu

gazelle
gaselli

futbol Americano
amerikkalainen jalkapallo

ciclismo
pyöräily

tennis
tennis

basketball
koripallo

landamento
uinti

boxeo
nyrkkeily

ice hockey
jääkiekko

futbol
jalkapallo

badminton
sulkapallo

atletismo
yleisurheilu

handbal
käsipallo

ski
hiihto

polo
poolo

actividad
aktiviteetit

bula
hypätä
brasa
halata
hari
nauraa
cana
kävellä
canta
laulaa
soña
unelmoida
resa
rukoilla
sunchi
suudella

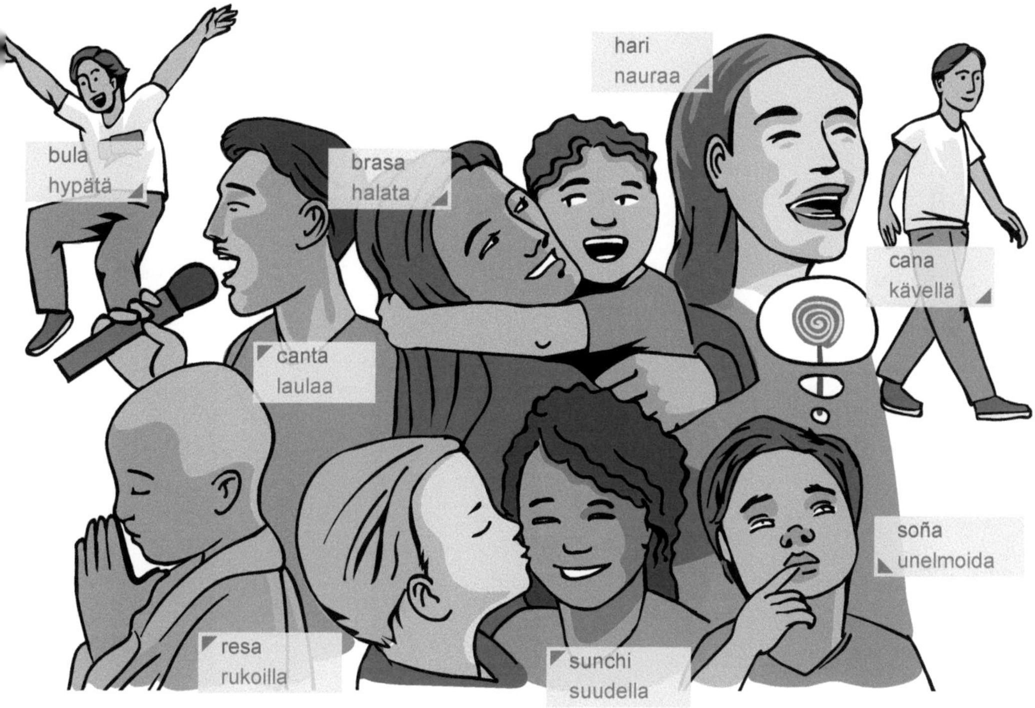

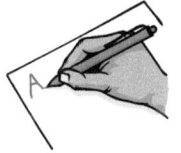

skirbi
kirjoittaa

pinta
piirtää

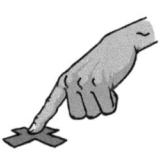

mustra
näyttää

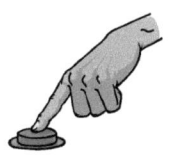

primi
painaa

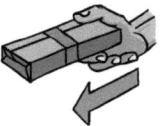

duna
antaa

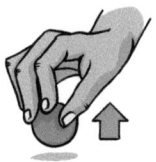

coy
ottaa

tin

omistaa

haci

tehdä

ta

olla

para

seisoa

core

juosta

ranca

vetää

tira

heittää

cay

kaatua

drumi

maata

warda

odottaa

carga

kantaa

sinta

istua

bisti

pukeutua

drumi

nukkua

lanta fo'i soño

herätä

mira

katsoa

yora

itkeä

caricia

silittää

peña

kammata

papia

puhua

compronde

ymmärtää

puntra

kysyä

scucha

kuunnella

bebe

juoda

come

syödä

ruim op

siivota

stima

rakastaa

cushna

keittää

bai

ajaa

bula

lentää

zeilo

purjehtia

conta

laskea

lesa

lukea

siña

oppia

traha

työskennellä

casa

mennä naimisiin

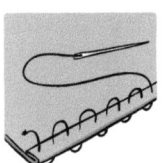

cose

ommella

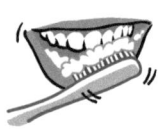

skeiro djente

pestä hampaat

mata

tappaa

huma

tupakoida

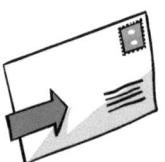

manda

lähettää

wela
mummo

welo
ukki

tata
isä

mama
äiti

baby
vauva

yiu muhe
tytär

yiu homber
poika

huesped
....
vieras

tanta
....
täti

omo
....
setä

ruman homber
....
veli

ruman muhe
....
sisko

curpa
vartalo

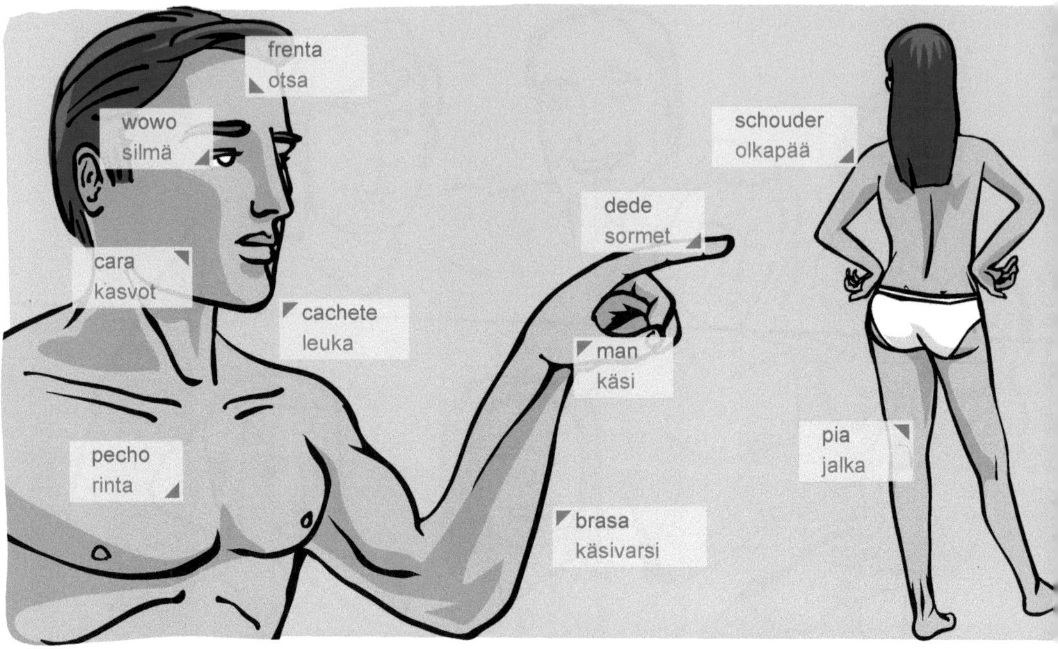
frenta
otsa
wowo
silmä
schouder
olkapää
dede
sormet
cara
kasvot
cachete
leuka
man
käsi
pia
jalka
pecho
rinta
brasa
käsivarsi

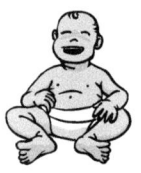

baby
vauva

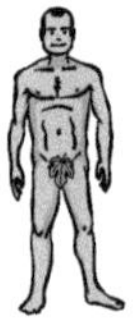

homber
mies

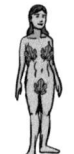

muhe
nainen

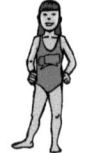

mucha muhe
tyttö

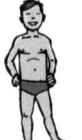

mucha homber
poika

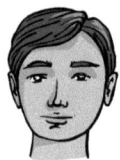

cabes
pää

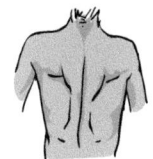

lomba

selkä

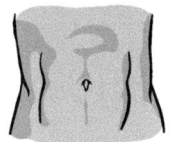

bariga

maha

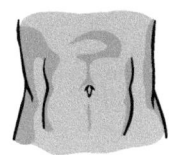

lombrishi

napa

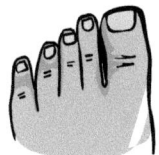

dede di pia

varvas

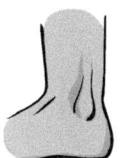

hilchi

kantapää

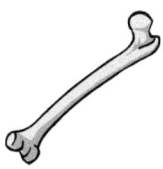

weso

luu

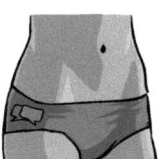

heup

lantio

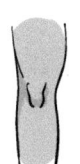

rudia

polvi

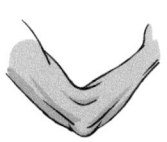

elleboog

kyynärpää

nanishi

nenä

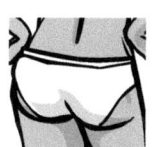

chanchan

takapuoli

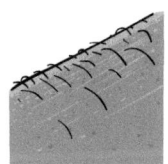

cuero

iho

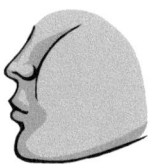

wang

poski

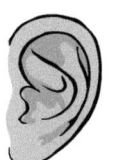

horea

korva

lip

huuli

boca
suu

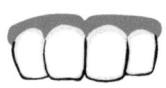

djente
hammas

lenga
kieli

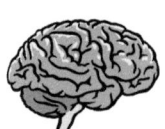

celebro
aivot

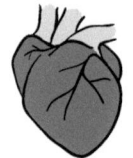

curason
sydän

musculo
lihas

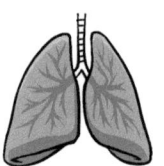

pulmon
keuhkot

higra
maksa

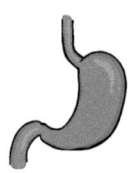

stoma
vatsa

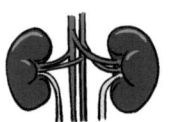

nier
munuaiset

sex
seksi

condon
kondomi

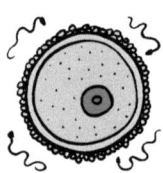

ovulo
munasolu

sperma
sperma

embaraso
raskaus

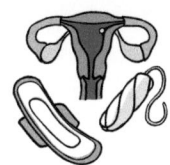

menstruacion
kuukautiset

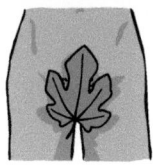

vagina
vagina

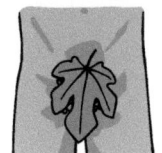

penis
penis

wenkbrauw
kulmakarvat

cabey
hiukset

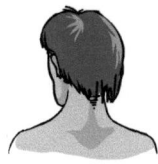

nek
niska

hospital
sairaala

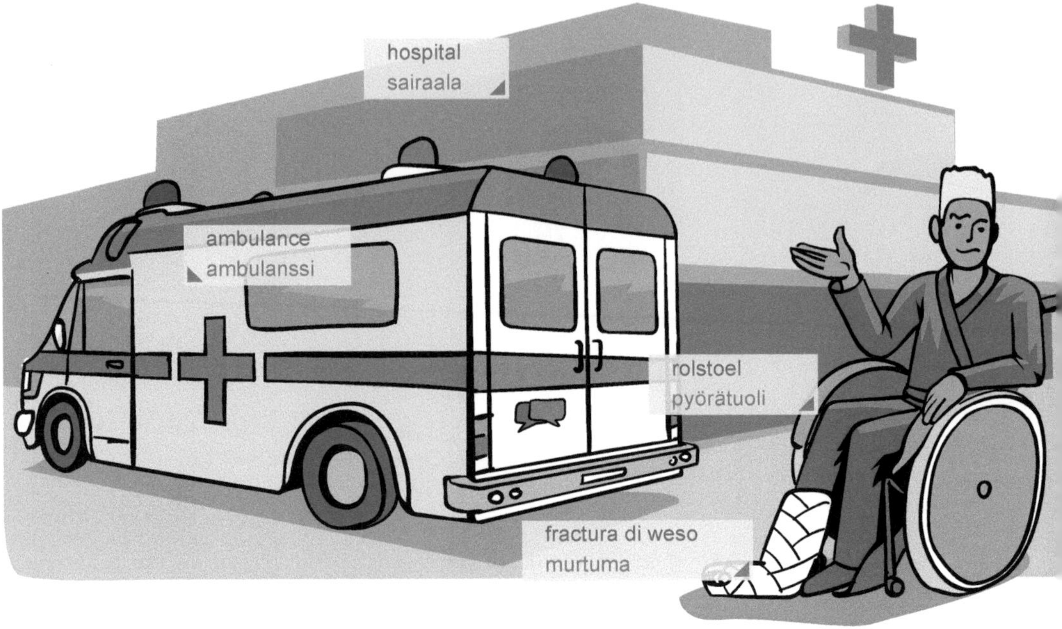

hospital
sairaala
ambulance
ambulanssi
rolstoel
pyörätuoli
fractura di weso
murtuma

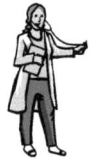

dokter

lääkäri

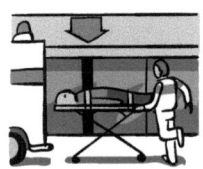

EHBO (prome asistencia/eerste hulp)

ensiapu

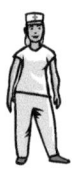

nurse

sairaanhoitaja

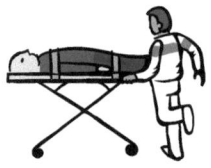

caso di emergencia

hätätilanne

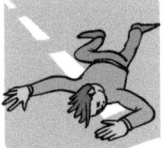

fo'i tino

tajuton

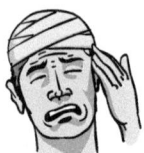

dolor

kipu

lesion
....
vamma

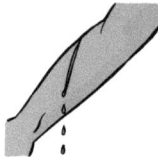

sangramento
....
verenvuoto

ataca di curason
....
sydänkohtaus

ataca celebral
....
aivoinfarkti

alergia
....
allergia

tosa
....
yskä

keintura
....
kuume

griep
....
flunssa

diarea
....
ripuli

dolor di cabes
....
päänsärky

cancer
....
syöpä

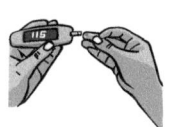

diabetes
....
diabetes

ciruhano
....
kirurgi

scalpel
....
veitsi

operacion
....
leikkaus

CT

ct

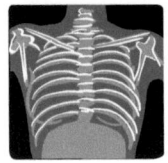

x-ray

röntgen

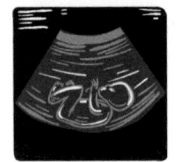

echo

ultraääni

masker contra stof

maski

malesa

sairaus

sala di espera

odotushuone

kruk

sauva

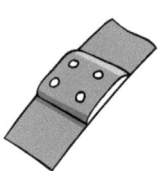

pleister

laastari

verband

side

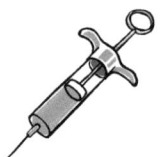

inyeccion

pistos

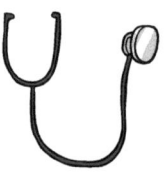

stetoscop

stetoskooppi

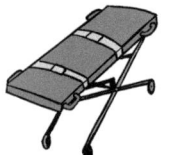

brancard

paarit

thermometer

kuumemittari

nacemento

syntymä

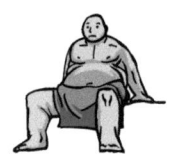

sobrepeso

ylipaino

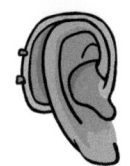

aparato pa oido

kuulolaite

desinfectante

desinfiointiaine

infeccion

infektio

virus

virus

HIV / AIDS

HIV / AIDS

remedi

lääke

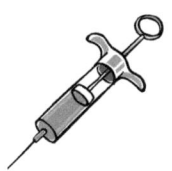

vacuna

rokotus

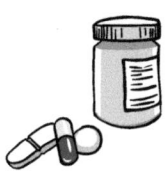

pilder

tabletit

pilder

pilleri

yamada di emergencia

hätäpuhelu

aparato pa midi presion

verenpainemittari

malo / saludabel

sairas / terve

auxilio!

Apua!

alarma

hälytys

atraco

ryöstö

atake

hyökkäys

peliger

vaara

salida di emergencia

hätäuloskäynti

candela

Tulipalo!

brandspuit

palosammutin

desgracia

onnettomuus

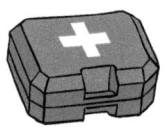

caha di prome asistencia

ensiapulaukku

SOS

SOS

polis

poliisilaitos

Europa

Eurooppa

Noord America

Pohjois-Amerikka

Sur America

Etelä-Amerikka

Africa

Afrikka

Asia

Aasia

Australia

Australia

Oceano Atlantico

Atlantin valtameri

Oceano Pacifico

Tyynimeri

Oceano Indio

Intian valtameri

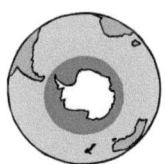

Oceano Antartico

Eteläinen jäämeri

Oceano Artico

Pohjoinen jäämeri

Noordpool

pohjoisnapa

Zuidpool
etelänapa

Antartica
Antarktis

mundo
maa

tera
maa

lama
meri

isla
saari

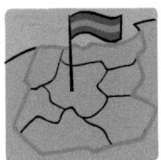

nacion
kansa

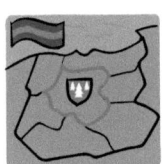

estado
osavaltio

holoshi analog

kellotaulu

wijzer chikito

tuntiviisari

wijzer grandi

minuuttiviisari

wijzer di seconde

sekuntiviisari

Cuant'or tin?

Paljonko kello on?

dia

päivä

tempo

aika

awor

nyt

holoshi digital

digitaalikello

minuut

minuutti

ora

tunti

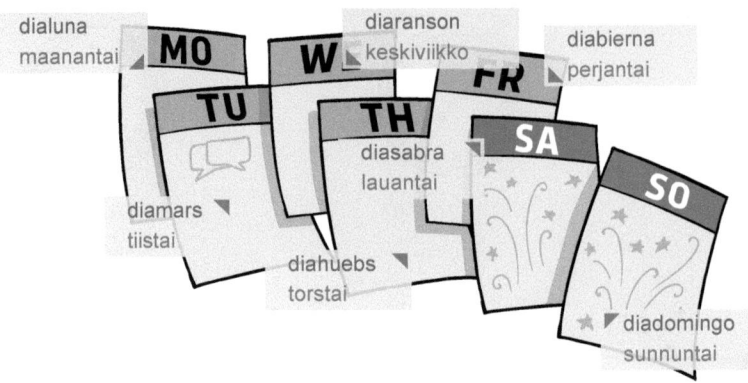

dialuna
maanantai

diaranson
keskiviikko

diabierna
perjantai

diasabra
lauantai

diamars
tiistai

diahuebs
torstai

diadomingo
sunnuntai

ayera

eilen

awe

tänään

mañan

huomenna

mainta

aamu

merdia

keskipäivä

anochi

ilta

dia di trabou

työpäivät

weekend

viikonloppu

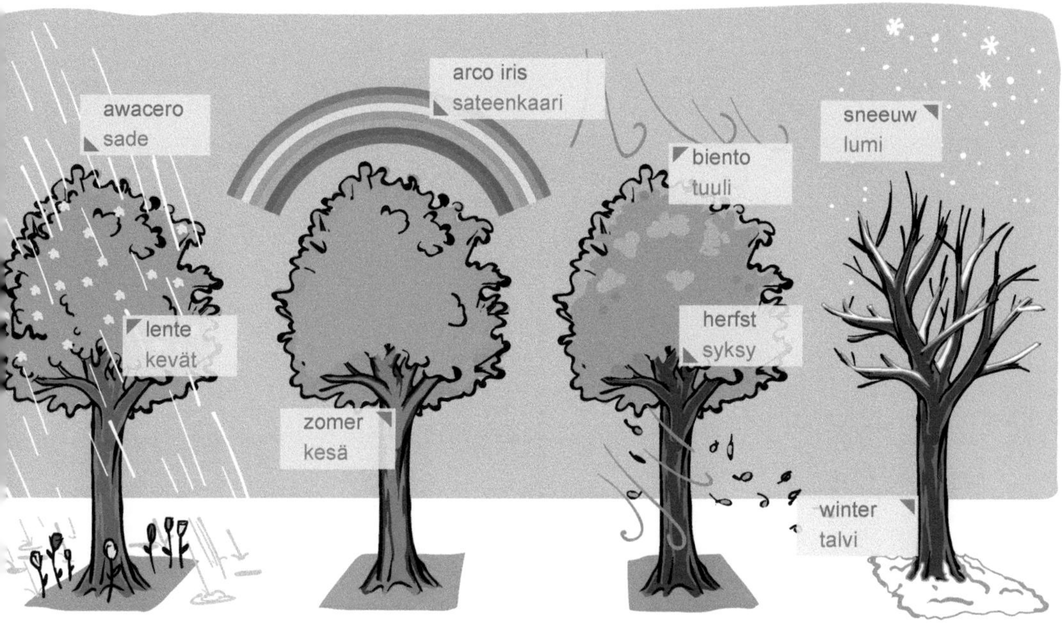

awacero
sade
arco iris
sateenkaari
biento
tuuli
sneeuw
lumi
lente
kevät
herfst
syksy
zomer
kesä
winter
talvi

4.APRIL 11°
5.APRIL 4°
6.APRIL 13°
7.APRIL 8°
8.APRIL 10°

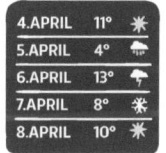

pronostico di tempo

sääennuste

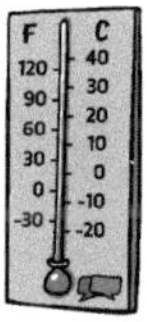

F C
120 40
90 30
60 20
30 10
0 0
-30 -10
-20

thermometer

lämpömittari

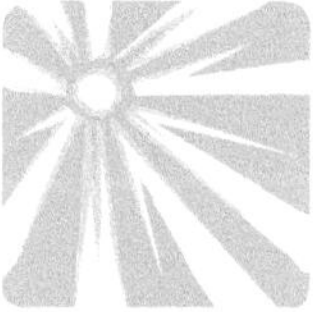

solo ta briya

auringonpaiste

nubia

pilvi

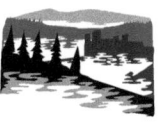

neblina

sumu

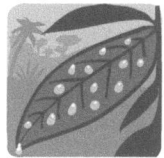

humedad

ilmankosteus

lamper

salama

strena

ukkonen

mal tempo

myrsky

hagel

rae

mal tempo

monsuuni

inundacion

tulva

ijs

jää

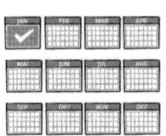

januari

tammikuu

februari

helmikuu

maart

maaliskuu

april

huhtikuu

mei

toukokuu

juni

kesäkuu

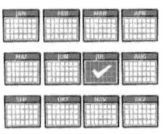

juli

heinäkuu

augustus

elokuu

aña - vuosi

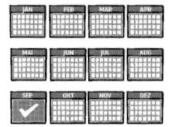

september
....
syyskuu

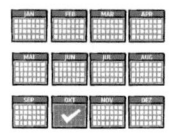

october
....
lokakuu

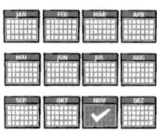

november
....
marraskuu

december
....
joulukuu

forma

muodot

circulo
....
ympyrä

cuadra
....
neliö

rectangulo
....
suorakulmio

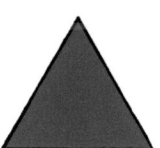

triangulo
....
kolmio

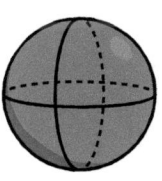

bol
....
pallo

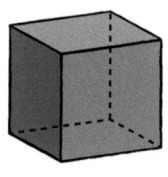

kubus
....
kuutio

blanco

valkoinen

geel

keltainen

oraño

oranssi

ros

vaaleanpunainen

cora

punainen

biña

violetti

blauw

sininen

berde

vihreä

bruin

ruskea

shinishi

harmaa

preto

musta

hopi / tiki

paljon / vähän

rabia / trankil

vihainen / ystävällinen

bunita / mahos

kaunis / ruma

comienso / final

alku / loppu

grandi / chikito

suuri / pieni

cla / scur

vaalea / tumma

ruman homber / ruman muhe

veli / sisko

limpi / sushi

puhdas / likainen

completo / incompleto

täydellinen / epätäydellinen

dia / anochi

päivä / yö

morto / bibo

kuollut / elävä

hancho / smal

leveä / kapea

comibel / incomibel

syötävä / syömäkelvoton

mal hende / bon hende

paha / kiltti

ansioso / ferfela bo mes

innostunut / tylsistynyt

gordo / flaco

lihava / laiha

prome / ultimo

ensimmäinen / viimeinen

amigo / enemigo

ystävä / vihollinen

yen / bashi

täysi / tyhjä

duro / moli

kova / pehmeä

pisa / lihe

painava / kevyt

hamber / sed

nälkä / jano

malo / saludabel

sairas / terve

ilegal / legal

laiton / laillinen

inteligente / sabi

älykäs / tyhmä

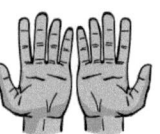

robes / drechi

vasen / oikea

cerca / leu

lähellä / kaukana

nobo / uza

uusi / käytetty

nada / algo

ei mitään / jotain

bieu / jong

vanha / nuori

cendi / paga

päällä / pois päältä

habri / cera

auki / kiinni

keto / duro

hiljainen / äänekäs

rico / pober

rikas / köyhä

bon / fout

oikein / väärin

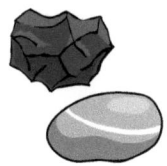

grof / liso

karhea / sileä

tristo / contento

surullinen / iloinen

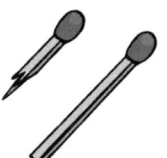

cortico / largo

lyhyt / pitkä

pocopoco / lihe

hidas / nopea

muha / seco

märkä / kuiva

cayente / friu

lämmin / viileä

guera / paz

sota / rauha

0	**1**	**2**
cero	un	dos
nolla	yksi	kaksi

3	**4**	**5**
tres	cuater	cinco
kolme	neljä	viisi

6	**7**	**8**
seis	shete	ocho
kuusi	seitsemän	kahdeksan

9	**10**	**11**
nuebe	dies	diesun
yhdeksän	kymmenen	yksitoista

12
diesdos

kaksitoista

13
diestres

kolmetoista

14
diescuatro

neljätoista

15
diescinco

viisitoista

16
diesseis

kuusitoista

17
diesshete

seitsemäntoista

18
diesocho

kahdeksantoista

19
diesnuebe

yhdeksäntoista

20
binti

kaksikymmentä

100
shen

sata

1.000
mil

tuhat

1.000.000
miyon

miljoona

Ingles

englanti

Ingles Mericano

amerikanenglanti

Chines Mandarin

mandariinikiina

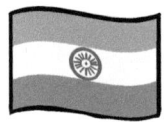

Hindi

hindi

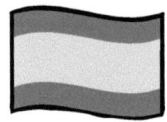

Spaño

espanja

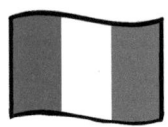

Frances

ranska

Arabe

arabia

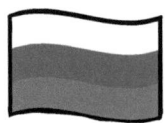

Ruso

venäjä

Portugues

portugali

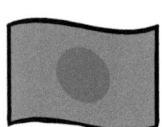

Bengal

bengali

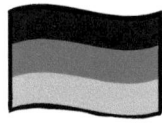

Aleman

saksa

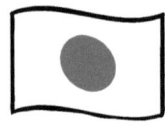

Hapones

japani

ami
....
minä

abo
....
sinä

e
....
hän

nos
....
me

boso
....
te

nan
....
he

ken?
....
kuka?

kico?
....
mitä / mikä?

con?
....
miten?

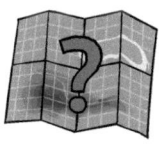

unda?
....
missä?

ki ora?
....
milloin?

nomber
....
nimi

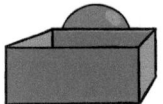

patras
takana

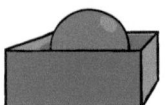

den
sisällä

dilanti di
edessä

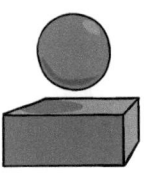

ariba
yläpuolella

riba
päällä

bou di
alapuolella

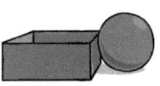

banda di
vieressä

entre
välissä

luga
paikka